Topos Taschenbücher
Band 220

W0195582

Romano Guardini

Von heiligen Zeichen

Topos Taschenbücher

Alle Autorenrechte liegen bei der Katholischen
Akademie in Bayern
»Von heiligen Zeichen«:
Unveränderter Nachdruck des 192. bis 193. Tsd., Mainz:
Matthias-Grünewald-Verlag, 1990 (Erste Ausgaben
1922–1925)
1. Taschenbuchauflage 1992
193.–198. Tsd.

Die Deutsche Bibliothek – CIP-Einheitsaufnahme

Guardini, Romano:
Von heiligen Zeichen / Romano Guardini. –
1. Taschenbuchaufl., unveränd. Nachdr. des 192.–193. Tsd. –
Mainz : Matthias-Grünewald-Verl., 1992
    (Topos-Taschenbücher ; Bd. 220)
    ISBN 3-7867-1622-6
NE: GT

© 1992 Matthias-Grünewald-Verlag, Mainz
Reihengestaltung: Harald Schneider-Reckels und
Iris Momtahen
Gesamtherstellung: Clausen & Bosse GmbH, Leck

Inhalt

*

Vorbemerkung zur neuen Auflage

Wie das Geleitwort sagt, sind die einzelnen Kapitel dieser Schrift im Lauf von etwa zehn Jahren und bei verschiedenen Gelegenheiten entstanden. Als Buch sind sie zum ersten Mal 1922/23 erschienen. Dessen Gesamtauflage hat mit der hier vorliegenden Ausgabe das 170. Tausend erreicht.

Die angeführten Zahlen und Daten besagen ein Doppeltes: Einmal, daß das kleine Buch immer noch, und zwar in erheblichem Maße verlangt wird. Diese an sich erfreuliche Tatsache weist aber auch auf eine weniger erfreuliche hin: daß nämlich die hier erörterten Fragen noch nicht, wie es notwendig gewesen wäre, von anderer Seite und unter anderen Gesichtspunkten behandelt worden sind – jedenfalls nicht so, daß die betreffenden Schriften einen Bestandteil unseres lebendigen religiösen Schrifttums bildeten. Das wäre aber nötig, denn das vorliegende Büchlein hat, wie sein Verfasser selbst am besten weiß, nicht unerhebliche Mängel. Dazu kommt etwas Anderes. Heute ist »Liturgie« in aller Mund; als die »Heiligen Zeichen« erschienen – und noch geraume Zeit nachher –, war von ihr wenig die Rede. So wendete sich, wer von ihr sprach, an einen ziemlich engen Kreis. Nicht nur das, sondern eine sachgerechte Geschichte der liturgischen Bestrebungen würde zeigen, daß deren erste, tiefer gehende Wellen sich in Deutschland – abgesehen von einigen Benediktiner-Abteien – vor allem in der Jugendbewegung ausgewirkt haben; diese selbst aber bildete einen eigenen Lebenskreis. So war es nicht anders möglich, als daß das Buch mit den Anschauungen und Gefühlsweisen dieser Jugendwelt verwuchs und auch ihren sprachlichen Charakter annahm.

Die beiden Umstände hatten die eigentümliche Wirkung, daß eine Schrift, die offenbar von weiten Kreisen aufgenommen worden ist und immer weiter gelesen wird, heute einen unserer Gegenwart etwas fremden, manchmal vielleicht sogar von ihr als sonderbar empfundenen Charakter trägt.

Damit ergab sich aber die Schwierigkeit, die sich bei langem Weiterleben einer solchen Schrift immer ergibt: sie mußte dem heutigen Empfinden angepaßt werden; durfte aber doch auch ihren ursprünglichen Charakter nicht verlieren, weil es sonst besser gewesen wäre, sie ganz neu zu schreiben.

Aus dieser Situation ist die neue Ausgabe herausgewachsen, und der Verfasser muß dem Leser das Urteil überlassen, ob sie ihm das zu geben vermag, was er sucht. Er hofft es – hofft aber zugleich, ihr Gegenstand möge auch von anderer Seite behandelt werden. Eine allgemein verständliche Darstellung der liturgischen Grundphänomene verlangt dringlich geschrieben zu werden. Wenn das heute geschieht, dann wird der Einklang mit unserer Zeit sich von selbst herstellen.

München, Pfingsten 1965

*

Zum Geleit

Die Skizzen dieses Buches sind im Laufe von etwa zehn Jahren entstanden. Sie wollen mithelfen, die liturgische Welt aufzuschließen.

Ihren Verfasser leitete dabei das Empfinden, diese Erschließung könnte nicht nur so geschehen, daß man sagte: Zu der Zeit, unter solchen Einflüssen ist dieser Ritus, jenes Gebet entstanden. Auch nicht nur so, daß man erklärte: Diese Handlung bedeutet das, jene andere jenes; indem man den liturgischen Vorgängen irgendeinen Sinn unterlegte, der tief sein mag, aber nicht aus ihnen selbst deutlich wird, sondern aus einem theoretischen Gedanken abgeleitet ist. In der Liturgie handelt es sich wesentlich nicht um Gedanken, sondern um Wirklichkeit.

Und nicht um vergangene Wirklichkeit, sondern um gegenwärtige, die immer aufs neue geschieht, an uns und durch uns geschieht; um Menschenwirklichkeit in Gestalt und Handlung. Die aber bringt man nicht nahe, indem man sagt: Sie ist damals entstanden, und hat sich so und so entwickelt.

Auch nicht, indem man ihr irgendwelche Lehrgedanken unterlegt. Sondern indem man hilft, an der leibhaftigen Gestalt das Innere abzulesen: am Leib die Seele; am irdischen Vorgang das Geistlich-Verborgene.

Die Liturgie ist eine Welt heilig-verborgenen, aber immerfort Gestalt werdenden und darin sich offenbarenden Geschehens: sie ist sakramental. Es gilt also vor allem, jenen lebendigen Akt zu lernen, mit dem der glaubende Mensch die »sichtbaren Zeichen unsichtbarer Gnade« auffaßt, empfängt, vollzieht. Um »liturgische Bildung« handelt es sich in erster Linie, nicht um – davon natürlich nicht zu trennende – »liturgische Belehrung«. Um eine Anweisung, eine Anregung wenigstens zu lebendigem Schauen und Vollziehen »heiliger Zeichen«.

Da schien es mir richtig und fruchtbar, beim Einfachsten anzusetzen; bei den Elementen, aus denen sich dann die höheren Gebilde der Liturgie aufbauen.

Was im Menschen auf jene Elemente anspricht, sollte zum Schwingen gebracht werden. Es sollte deutlich werden, inwiefern sie »Zeichen« sind. Sie sollten wieder vom lebendigen Ausdrucksvorgang ergriffen werden, in welchem der Mensch aus den entgegentretenden Gestalten ihr verborgenes Innere auffaßt; in dem er seinerseits das eigene Innere ausdrückt. So würden sie aus konventionellen Formen wieder zu echt-erlebten Symbolen, zu Elementen des Sakraments und Sakramentales werden.

Das alles ruhte auf konkreten Erfahrungen, besonders in der Arbeit mit der so tief bewegten Jugend jener reichen Jahre – welche Arbeit aber zugleich eigenes Erwachen und Entdecken war. Von dorther wurden die kleinen Skizzen nicht nur zur Darlegung, sondern auch zu Bericht und Zeugnis, und das machte sie lebendig.

Nun ist es immer eine zweifelhafte Sache, etwas, das aus bestimmtem Anlaß heraus entstanden und mit der Entwicklung bestimmter Menschen verwachsen ist, nach einiger Zeit herauszulösen und für sich vorzulegen. Auch weiß ich nur zu gut, wieviel man an diesen Versuchen aussetzen könnte: daß sie nicht gegenständlich genug seien, vielmehr lyrisch, subjektiv; nicht notwendig genug, sondern zufällig, impressionistisch – ganz abgesehen von ihren literarischen Anfechtbarkeiten. Allein ihr Grundgedanke bleibt richtig. Und trotz aller Fragwürdigkeit scheinen sie mir immer noch ein Recht zu haben, vorgelegt zu werden. Denn wenn sie auch nicht erreichen sollten, was sie erstreben – sie weisen wenigstens auf etwas hin, das gesehen und erstrebt werden soll.[1]

Ich wüßte wohl, wer hier Besseres, Richtigeres sagen könnte: eine Mutter, die selbst liturgisch erzogen wäre, und nun ihr Kind lehrte, recht das Zeichen des Kreuzes zu machen; es lehrte, in der brennenden Kerze eine Gestalt zu schauen, die sein eigenes Innere ausspricht; es lehrte, mit seinem lebendigen Menschsein ins Haus seines himmlischen Vaters einzutreten. Alles das aber nicht als ein bloßes Denken, um das Gebärden herumgehängt sind, sondern als ein echtes Sehen und Tun... Ein guter Lehrer könnte es, der wirklich mit seinen Kindern lebte; sie fähig machte, zu erfahren und zu vollziehen, was der Sonntag ist, das Fest, das Kirchenjahr mit seinen Gezeiten, Pforte und Glocke, Kirchenraum und Felderprozession. Diese könnten sagen, wie man heilige Zeichen zum Leben ruft. Es ist mir Erfüllung und Verheißung zugleich gewesen, als

[1] Siehe dazu meine Schrift »Liturgische Bildung«, deren erste Ausgabe 1923 im Verlag Deutsches Quickbornhaus, Burg Rothenfels a. M., deren zweite, erweiterte Ausgabe im Werkbund-Verlag Würzburg 1965 erschienen ist. (neu aufgelegt unter dem Titel »Liturgie und liturgische Bildung« [Romano Guardini Werke], Mainz-Paderborn 1992).

ich in einer kleinen Schrift von Maria Montessori – der bedeutenden katholischen Erzieherin, die eine Bildung durch lebendiges Tun aufbaut – las, wie in einer ihrer Schulen die Kinder einen Weinberg pflegen und Lese halten; wie sie ein kleines Weizenfeld besäen und die Frucht einholen; wie sie, soweit das technisch möglich ist, ganz nach den Vorschriften der Kirche das Brot und den Wein bereiten, und dann die Gaben zum Altar bringen. Das wäre – mit der rechten Unterweisung verbunden – liturgische Bildung![2]

Der Weg zu liturgischem Leben führt nicht durch bloße Belehrung, sondern entscheidenderweise durch Schauen und Tun; das sind die Grundkräfte. Gewiß erleuchtet durch klare Lehre; in den Zusammenhang der katholischen Tradition verwurzelt durch geschichtliche Unterweisung. Aber Schauen und Tun muß es sein; ein lebendiges Auffassen, Erfahren, Vollziehen. Wenn einmal solche Erzieher aus ihrer Erfahrung heraus von »heiligen Zeichen« reden, dann wird dieses Büchlein ver-

---

[2] Unterdes sind, durch Helene Helming ins Deutsche übersetzt und herausgegeben, die religionspädagogischen Schriften von Maria Montessori erschienen (Freiburg i. Br. 1964). Sie stammen z. T. aus der »Frühzeit der liturgischen Bewegungen« (S. 7) und berichten von hochbedeutsamen Versuchen »religiös-liturgischer Erziehung« von Kindern bis zu etwa sieben Jahren.

schwinden dürfen. Bis dahin hat es das Recht und auch die Pflicht, sein Wort zu sprechen, so gut es eben kann.

Mooshausen im schwäbischen Allgäu,
Frühjahr 1927.

*

Das Kreuzzeichen

Du machst das Zeichen des Kreuzes, machst es richtig. Kein hastiges, verkrüppeltes, bei dem man nicht weiß, was es bedeuten soll, sondern ein richtiges Kreuzzeichen, langsam, groß, von der Stirn zur Brust, von einer Schulter zur andern. Fühlst du, wie es dich ganz umfaßt?

Sammle dich recht; alle Gedanken und dein ganzes Gemüt sammle in dieses Zeichen, wie es geht von der Stirn zur Brust, von Schulter zu Schulter. Dann fühlst du: ganz umspannt es dich, Leib und Seele; nimmt dich zusammen, weiht dich, heiligt dich.

Warum? Es ist das Zeichen des Alls – und ist das Zeichen der Erlösung. Am Kreuz hat unser Herr alle Menschen erlöst; die Geschichte, die Welt. Durch das Kreuz heiligt Er den Menschen, ganz, bis in die letzte Faser seines Wesens.

Darum machen wir es vor dem Beten, damit es uns ordne und sammle, Gedanken und Herz und Willen in Gott fasse. Nach dem Gebet, damit in uns bleibe, was Gott uns geschenkt hat. In der Versuchung, daß Er uns stärke. In der Gefahr, daß Er uns schütze. Beim Segen, auf daß Gottes Lebensfülle hereingenommen werde in die Seele, und alles darinnen befruchte und weihe.

Denke daran, so oft du das Kreuzzeichen machst. Es ist das Zeichen einfachhin, das Zeichen Christi. Mache es recht: Langsam, groß, mit Bedacht. Dann umfaßt es dein ganzes Wesen, Gestalt und Seele, deine Gedanken und deinen Willen, Sinn und Gemüt, Tun und Lassen, und alles wird darin gestärkt, gezeichnet, geweiht, in der Kraft Christi, im Namen des Dreieinigen Gottes.

Die Hand

Der Körper ist Werkzeug und Ausdruck der Seele. Sie hält sich nicht bloß in ihm auf, wie ein Mensch in seinem Hause sitzt, sondern wohnt und wirkt in jedem Glied und jeder Faser. Sie spricht aus jeder Linie und Form und Bewegung des Leibes. In besonderer Weise aber sind Antlitz und Hand Werkzeug und Spiegel der Seele.

Vom Antlitz ist es ohne weiteres klar. Aber beobachte einmal bei irgendeinem Menschen – oder bei dir selbst –, wie eine Bewegung des Gemütes,

Freude, Überraschung, Erwartung sich in der Hand kundtun. Verrät nicht oft ein rasches Heben oder ein leises Zucken der Hand mehr, als selbst das Wort? Scheint das gesprochene Wort nicht zuweilen grob neben ihrer leisen, so viel sagenden Sprache?

Nach dem Antlitz ist sie der geistigste Teil des Leibes. Gewiß fest und stark, Werkzeug der Arbeit, Waffe zu Angriff und Abwehr, aber doch auch fein gebaut, vielgegliedert, beweglich und von empfindlich fühlenden Nerven durchzogen. So recht ein Organ, in welchem der Mensch die eigene Seele offenbaren kann. Und die fremde aufnehmen; denn auch das tut er mit der Hand. Oder ist es nicht ein Aufnehmen der fremden Seele, wenn Einer die entgegengestreckte Hand des Begegnenden ergreift? Mit allem, was aus ihr an Vertrauen, Freude, Zustimmung, Leid spricht?

So kann es gar nicht anders sein, als daß die Hand auch dort ihre Sprache hat, wo die Seele so besonders viel sagt – oder vernimmt –: vor Gott; wo sie sich selbst geben und Ihn empfangen will: im Gebet.

Wenn Einer sich in sich selbst sammelt, in seinem Innern mit Gott allein ist, dann schließt die eine Hand sich fest in die andere, Finger verschränkt sich mit Finger, als solle der innere Strom, der ausfluten möchte, von einer Hand in die andere geleitet werden und ins Innere zurückströmen, damit alles drinnen bleibe, bei Ihm. Ein Sammeln seiner selbst ist das; ein Hüten des verborgenen Schatzes. Es sagt: »Gott ist mein, und ich bin sein, und wir sind miteinander allein im Drinnen.«

Ebenso tut die Hand, wenn irgendeine große Not, ein heftiger Schmerz auszubrechen drohen. Wieder schließt sich Hand in Hand; darin ringt die Seele mit sich selbst, bis sie sich bezwungen, beruhigt hat.

Steht aber jemand in verehrender Haltung des Herzens vor Gott, dann legt sich wohl die gestreckte Hand flach auf die andere. Ein wohlgeordnetes Sprechen des eigenen Wortes drückt sich so aus, und, wenn Er es schenkt, ein aufmerksam bereites Hören des göttlichen. Auch Ergebung tut sich so kund, Hingabe, wenn wir die Hände, mit denen wir uns wehren, gleichsam gebunden in Gottes Hände geben.

Zuweilen geschieht es wohl, daß die Seele sich ganz vor Gott erschließt, in großem Jubel oder Dank. Daß sich in ihr, der Orgel gleich, alle Register auftun, und die innere Fülle strömt. Oder die Sehnsucht sich erhebt und ruft. Dann öffnet der Mensch die Hände und hebt sie mit gebreiteter Fläche, damit der Seelenstrom frei fluten, und die Seele voll empfangen könne, wonach sie dürstet… Und es kann sein, daß Einer sich selbst mit allem, was er ist und hat, zusammenfaßt, um sich in lauterer Hingabe Gott darzubringen, wissend, daß es zu einem Opfer geht. Dann verschränkt er wohl Hände und Arme auf der Brust im Zeichen des Kreuzes.

Schön und groß ist die Sprache der Hand. Von ihr sagt die Kirche, Gott habe sie uns gegeben, daß wir »die Seele darin tragen«. So nimm diese heilige Sprache ernst. Gott hört auf sie. Sie redet vom Innern der Seele. Sie kann auch von Herzensträgheit, Zerstreutheit und anderem Unguten reden. Halte die Hände recht und sorge, daß dein Inneres mit diesem Äußeren in Wahrhaftigkeit übereinstimme!
Es war eine zarte Sache, von der wir da gesprochen haben. Man sagt dergleichen eigentlich nicht gern; etwas regt sich dagegen. Um so sorgsamer wollen wir damit umgehen. Es darf kein eitles, geziertes Spiel daraus werden, sondern eine Sprache, durch die der Leib in lauterer Wahrhaftigkeit Gott sagt, was die Seele meint.

Das Knien

Was tut Einer, wenn er hochmütig wird? Dann reckt er sich, hebt Kopf und Schultern und seine ganze Gestalt. Alles an ihm spricht: »Ich bin wichtig. Ich bin groß. Ich bin mehr als die Anderen, mehr als du da vor mir!« Ist aber jemand demütigen Sinnes, fühlt er sich klein, dann senkt sich seine Gestalt. Er »erniedrigt sich«, sagt der Herr. Um so tiefer, je größer der ist, der vor ihm steht; je weniger er selbst in seinen eigenen Augen gilt; je lebendiger er seine Grenzen empfindet.
Wo aber spüren wir deutlicher, wie wenig wir sind, als wenn wir vor Gott stehen?

Der große Gott, der gestern war wie heute und nach hundert und tausend Jahren, weil Er ewig ist. Der dieses Zimmer durchwaltet, und die Stadt, und die weite Erde, und den unermeßlichen Sternenraum, und alles ist vor Ihm wie ein Stäubchen. Der heilige Gott, rein, gerecht und von unendlicher Hoheit. Wie ist der groß!
Und ich klein, so klein... man möchte sagen: wesenhaft klein, daß ich mich mit Ihm überhaupt nicht vergleichen kann... daß ich ein Garnichts bin vor Ihm! Da kommt es einem ganz von selbst, daß

man vor Ihm nicht stolz dastehen darf. Man möchte die eigene Gestalt niedriger machen, damit sie sich nicht so anmaßend aufrecke – und sieh, schon ist die Hälfte ihrer Höhe geopfert: der Mensch kniet. Und ist es seinem Herzen noch nicht genug, so mag er sich noch beugen dazu.

Dann spricht die gesenkte Gestalt: Du bist der große Gott, ich aber bin ein Nichts! Doch nein, das wäre wieder falsch. Ich bin nicht Nichts, sondern »Etwas«, sogar etwas Geheimnisvoll-Großes, aber durch Ihn. Die Menschengestalt spricht: Ich bin Dein Ebenbild, durch Dich gedacht und geliebt und geschaffen, Du mein Ur-Bild!

Wenn du die Knie beugst, laß es kein hastig-leeres Geschäft sein. Gib ihm eine Seele. Die Seele des Kniens aber ist, daß auch drinnen das Herz sich in Ehrfurcht vor Gott neige; in jener Ehrfurcht, die nur Gott erwiesen werden kann: daß es anbete.

Wenn du in die Kirche kommst, oder sie verläßt, oder am Altar vorbeigehst, und niederkniest, tief, langsam, dann soll dein ganzes Sein sprechen: »Mein großer Gott…!«

Das ist dann Demut, und ist Wahrheit, und jedesmal wird es deiner Seele gut tun.

Das Stehen

Wir haben davon gesprochen, daß Ehrfurcht vor dem unendlichen Gott eine angemessene Haltung fordert. Er ist so groß, wir aber sind vor Ihm so gering, daß das Bewußtsein davon sich auch äußerlich kundtut: es macht uns klein, heißt uns niederknien.

Die Ehrfurcht kann sich aber noch anders ausdrükken. Denke, du säßest, ruhend, oder lesend, oder in lässigem Gespräch. Da käme jemand, der dir ehrwürdig ist, und wendete sich an dich; sogleich würdest du aufstehen und in aufrechter Haltung hören und antworten. Was bedeutet das? Ist das nicht ein Widerspruch zum vorher Gesagten? Doch nicht; nur ein anderer Ausdruck für den gleichen Grundgedanken: daß ein an uns herantretendes Großes oder Wichtiges im Menschen eine entsprechende Haltung fordert.

Und zwar bedeutet das Stehen, daß er sich zusammengenommen hat. Er ist wach, aufmerksam, gespannt. Und er ist bereit. Denn wer steht, kann sofort auf und davon gehen; kann ungesäumt einen Auftrag ausführen; mit einer Arbeit beginnen, die ihm zugewiesen wird.

Das ist die andere Seite der Ehrfurcht vor Gott. Im Knien war es die anbetende, in Sammlung verharrende; hier die wache, tätige. Solche Ehrfurcht hat der aufmerkende Gehilfe, der gerüstete Kämpfer. Sie offenbart sich im Stehen.

Wir stehen in der heiligen Messe auf, wenn die Frohe Botschaft ergeht, beim Evangelium. Es stehen die Taufpaten, wenn sie an Stelle des Kindes das Gelöbnis der Glaubenstreue ablegen. Es stehen die Kinder, wenn sie bei der ersten heiligen Kommunion dieses Taufgelübde erneuern. Es stehen die Verlobten, wenn sie sich vor dem Altar durch das Wort der Treue zur Ehe verbinden. Und so noch bei manchen anderen Handlungen.

Auch dem Einzelnen mag es zuweilen ein starker Ausdruck seines Inneren sein, wenn er stehend betet. Die ersten Christen haben es gern getan. Wir kennen das Bild der Orante aus den Katakomben; der aufgerichteten Gestalt mit dem edel fließenden Gewand und den ausgebreiteten Armen. Sie steht frei, in klarer Zucht; das Wort hörend und zu freudigem Tun bereit.

Zuweilen kann man nicht recht knien; man fühlt sich dabei beengt. Da tut das Stehen gut; es macht frei. Aber das richtige Stehen! Auf beiden Füßen, ohne sich aufzustützen. Mit geraden Knien, aufrecht und beherrscht. Darin strafft sich das Gebet und wird frei zugleich, in Ehrfurcht und Tatbereitschaft.

Das Schreiten

Wann sieht man Menschen schreiten? Nicht oft, scheint mir. Es ist kein Eilen, sondern ruhige Bewegung; kein Schleichen, sondern sicheres Vorangehen. Der Schreitende geht freien Fußes, er schleppt sich nicht; aufgerichtet, nicht gebückt. Nicht unsicher, sondern in festem Gleichmaß.
Echtes Schreiten ist etwas Edles. Frei und doch in guter Zucht; leicht und stark, aufrecht und tragfähig, geruhig und voll von vorandrängender Kraft. Und danach, ob es das Schreiten des Mannes oder des Weibes ist, kommt in diese Kraft ein wehrhafter oder anmutiger Zug; trägt es äußere Last, oder eine innere Welt klarer Ruhe.

Und wie schön, wo es fromm geschieht! Zu lauterem Gottesdienst kann es werden. Schon ein bloßes Dahinschreiten vor Gott wird dazu. Etwa wenn jemand in der Kirche geht, in des höchsten

Herrn Haus, und in besonderer Weise unter Seinen Augen.

Oder wenn es ein Gottesgeleit ist, in der Prozession... Denke an das zuchtlose Geschiebe, an das verdrossene Sich-Schleppen und Herumgaffen bei so manchem Gottesgang – und könnte doch eine so festlich ehrfurchtsvolle Sache sein, wenn die Gläubigen den Herrn durch die Straßen der Stadt geleiten, oder durch die Fluren hin, durch »sein Eigentum«...

Ein Buß- und Bittgang könnte leibhaftiges Gebet sein; verkörpertes Wissen um Schuld und Not, und doch überwölbt von christlicher Zuversicht, die weiß: Wie im Menschen eine Kraft über seinen anderen Kräften steht, nämlich der seiner selbst sichere Wille, so steht eine Macht über aller Not und aller Schuld: der Lebendige Gott.

Ist das Schreiten nicht ein Ausdruck menschlichen Adels? Die aufrechte Gestalt, ihrer selbst mächtig, sich selbst tragend, ruhig und sicher, ist des Menschen alleiniges Vorrecht. Aufrecht schreiten heißt Mensch sein.

Aber wir sind mehr als nur Menschen. »Götter seid ihr, und alle seid ihr Söhne des Höchsten«, sagt der geheimnisvolle sechste Vers im einundachtzigsten Psalm; aus Gott wiedergeboren zu neuem, heiligem Leben. Durch den Glauben lebt Christus in uns. Vom Mysterium der Eucharistie hat Er gesagt: »Wer mein Fleisch ißt und mein Blut trinkt, der bleibt in Mir und Ich in ihm.« (Joh 6,56) Christus wächst in uns, und wir wachsen in Ihm, bis wir herangereift sind »zum Maß des Alters, in dem die Fülle Christi erreicht wird« (Eph 4,13), und alles Sein und tun, »ob wir nun essen, oder trinken, oder sonst etwas tun« (1 Kor 10,31), Arbeit und Spiel und Freude und Tränen, alles ein Christus-Leben geworden ist.

Das Wissen um dieses Geheimnis könnte so freudigen Ausdruck im rechten Schreiten finden. Es könnte eine zum Gleichnis geformte Erfüllung des Gebotes sein: »Wandle vor mir, dann wirst du unsträflich sein!« (Gen 17,1) Aber nur in schlichter Wahrhaftigkeit kann das geschehen.

An die Brust schlagen

Die heilige Messe hat begonnen. Der Priester steht an den Stufen des Altares und spricht: »Ich bekenne Gott dem Allmächtigen…, daß ich gar viel gesündigt habe, in Gedanken, Worten und Werken, durch meine Schuld, durch meine Schuld, durch meine allzugroße Schuld.« Und so oft er das Wort »meine Schuld« ausspricht, schlägt er an seine Brust. Was bedeutet das, wenn der Mensch an seine Brust schlägt?

Spüren wir einmal hinein. Aber dazu müssen wir den Brauch richtig üben. Nicht nur ein wenig mit spitzen Fingern an das Kleid tupfen; die geschlossene Hand voll an die Brust schlagen. Du hast vielleicht schon einmal auf alten Bildern Sankt Hieronymus in der Wüste knien sehen, wie er mit einem Stein in der Hand schütternd an die Brust schlägt. Es ist ein Schlag, kein zierliches Getue. Er soll wider die Pforten unserer inneren Welt fahren und sie durchschüttern. Tun wir so, dann fühlen wir, was es bedeutet.

Die Welt sollte voll von Leben sein, von Licht und Kraft und fruchtbarer Tätigkeit. Wie sieht es aber in Wahrheit darin aus? Die ernstesten Forderungen erheben sich vor uns, Pflichten, Nöte, Entscheidungsrufe, aber kaum etwas rührt sich im Innern. So manche Schuld haben wir auf uns geladen, aber sie kümmert uns nicht. Da ruft Gottes Stimme: »Wach auf! Sieh um dich! Besinne dich! Wende deinen Sinn! Tue Buße!« Dieser Ruf findet seinen Widerhall im Schlag gegen die Brust. Der soll sie durchdringen; soll die Welt drinnen aufschrecken, damit sie erwache, sehend werde, sich zu Gott kehre.

Hört sie, besinnt sie sich, dann tritt ihr vor Augen, wie frevelhaft sie das ernste Leben vertändelt, wie oft sie Gottes Gebot übertreten, wie schwer sie ihre Pflichten versäumt hat, »durch ihre Schuld, durch ihre Schuld, durch ihre allzugroße Schuld«. In dieser Schuld liegt sie gefangen, und es gibt nur einen Weg hinaus, nämlich, daß sie rückhaltlos anerkenne: Es ist wahr; ich habe gesündigt, mit Gedanken, Worten und Werken, wider den heiligen Gott, und wider die Gemeinschaft der Heiligen. Damit tritt sie auf Gottes Seite und nimmt Partei für Ihn gegen sich selbst. Sie denkt über sich, wie Gott es tut. Sie zürnt sich ob ihrer Sünde und straft sich im Schlag.

Das also bedeutet es, wenn der Mensch an seine Brust schlägt: er weckt sich auf. Er rüttelt die innere Welt wach, damit sie Gottes Ruf vernehme. Er stellt sich auf Gottes Seite und straft sich selbst. Besinnung also, Reue, Sinneswendung.
Darum schlagen Priester und Altardiener an die Brust, wenn sie beim Stufengebet ihre Sünden bekennen. Wir tun es, wenn uns vor der Kommunion der Leib des Herrn gezeigt wird und wir sprechen: »Herr, ich bin nicht würdig, daß Du eingehest unter mein Dach.« Tun es beim Beten der Litanei, wenn wir uns schuldig geben und sagen: »Wir Sünder, wir bitten Dich, erhöre uns.«

Man hat die Bedeutung des Brauches auch abgeschwächt. So üben die Gläubigen ihn wohl, wenn bei der Wandlung Hostie und Kelch erhoben werden. Oder wenn wir beim »Engel des Herrn« sprechen: »Und das Wort ist Fleisch geworden.« Hier ist der eigentliche Sinn zergangen, und die Handlung bildet nur noch einen allgemeinen Ausdruck von Ehrfurcht und Demut. Aber der herbe Ernst sollte ihr bleiben: daß sie ein Ruf zur Selbstbesinnung ist und eine Selbstbestrafung des reuigen Herzens.

Die Stufen

Wir haben nun schon so manches erwogen; ist uns auch klar geworden, was wir dabei getan haben? Immer hat es sich um lang bekannte Dinge gehandelt, und doch sind sie uns neu geworden. Hundertmal gesehene Dinge waren es; aber nun haben wir sie in der richtigen Weise betrachtet, und sie haben sich aufgetan und uns Schönes offenbart. Wir haben hingehorcht, und sie haben zu sprechen angefangen. In Handlungen, die wir schon vielmals vollzogen, haben wir uns richtig hineingefühlt, haben sie mit Bedacht getan, und uns ist nahegekommen, was darin liegt.

Ein großes Entdecken ist das! Wir müssen erwerben, was wir schon lange besitzen, damit es wirklich unser Eigen werde. Richtig sehen müssen wir lernen, richtig hören, richtig tun. Bevor das nicht geschieht, bleibt alles dunkel und stumm. Gelingt es uns aber, dann öffnet es sich, tut sein Inneres auf, und von dort her, aus seinem Wesen, gestaltet sich das Äußere. Und wir werden die Erfahrung machen: gerade die selbstverständlichen Dinge, die alltäglichen Handlungen bergen das Allertiefste. Im Einfachsten liegt das größte Geheimnis.

Da sind zum Beispiel die Stufen. Unzählige Male bist du sie zur Kirche hinaufgestiegen. Bist du aber auch inne geworden, was dabei in dir vorging? Denn es geschieht wirklich etwas in uns, wenn wir sie hinaufsteigen; nur ist das sehr fein und still, und wird leicht übertönt.

Ein Geheimnis offenbart sich da; einer jener Vorgänge, die aus dem Grund unseres Menschenwesens stammen, rätselhaft, man kann es mit dem Verstande nicht auflösen, und doch versteht es jeder, der nicht stumpf ist.

Wenn wir die Stufen hinaufsteigen, dann steigt nicht nur der Fuß, sondern unser ganzes Sein.

Auch geistig steigen wir. Und tun wir es mit Bedacht, dann ahnen wir ein Emporsteigen zu jener Höhe, wo alles groß und vollendet steht: dem Himmel, wo Gott wohnt.

Doch gleich rührt sich das Geheimnis: ist denn Gott »droben«? Für Ihn gibt es doch kein Oben noch Unten! Zu Gott kommen wir doch nur, indem wir reiner, aufrichtiger, besser werden. Aber was hat das Besser-Werden mit dem körperlichen Hinauf zu tun? Was das Rein-Sein mit dem Droben-Stehen? Hier kann man nichts mehr erklären. Das Unten ist nun einmal von Wesen her Gleichnis für das Geringe, Schlechte; das Droben Gleichnis für das Edle, Gute, und jedes Emporsteigen spricht vom Aufstieg unseres Wesens zum »Allerhöchsten«, zu Gott...

Darum führen Stufen von der Straße zur Kirche. Sie sagen: Du gehst hinauf, zum Haus des Gebetes; näher zu Gott. Vom Schiff der Kirche wieder Stufen zum Chor; die sagen: Nun trittst du ins Allerheiligste ein. Und Stufen tragen zum Altar empor. Wer die hinaufgeht, dem sagen sie, wie einst Gott zu Moses auf dem Berge Horeb: »Ziehe die Schuhe von den Füßen, denn die Stätte, darauf du stehst, ist heiliges Land.« (Ex 3,5) Der Altar ist Schwelle der Ewigkeit.

Wie groß ist das! Nicht wahr, nun wirst du die Stufen wissend steigen? Wissend, daß es emporgeht? Wirst alles Niedrige drunten lassen, und wirklich »zur Höhe« steigen?

Aber was soll man da viel sagen. Es muß dir innerlich klar werden, damit die »Aufstiege des Herrn« sich in dir ereignen, das ist alles.

Die Pforte

Schon oft sind wir durch sie in die Kirche eingetreten, und jedesmal hat sie etwas gesagt. Haben wir das vernommen?

Wozu ist wohl die Pforte da? Vielleicht wunderst du dich über die Frage. Damit man aus- und eingehen könne, meinst du; die Antwort sei doch nicht schwer! Gewiß; aber zum Ein- und Ausgehen braucht es keine Pforte! Eine Öffnung in der Wand täte es auch, und ein fester Verschlag aus Bohlen und Brettern würde zum Auf- und Zumachen hinreichen. Die Leute könnten hinein und hinaus, auch billig wäre es und zweckentsprechend, aber eine »Pforte« wäre das nicht. Die will mehr als nur einen nüchternen Zweck erfüllen, sie redet.

Wenn du durch ihren Rahmen gehst, und bist innerlich wach, dann fühlst du: Nun verlasse ich das Draußen; ich trete in ein Inneres ein. Draußen ist »die Welt«, schön, voll kräftigen Lebens und Schaffens. Dazwischen freilich auch Häßliches, Niedriges. Etwas vom Markt hat diese Welt an sich; jeder läuft in ihr herum, alles macht sich in ihr breit. Wir wollen sie nicht unheilig nennen, aber etwas davon haftet ihr doch an. Durch die Pforte aber treten wir in ein Drinnen ein, vom Markt geschieden, still und geweiht: ins Heiligtum. Gewiß ist alle Wirklichkeit Gottes Werk und Gabe. Überall kann Er uns begegnen; jedes Ding sollen wir aus seiner Hand empfangen und durch frommen Sinn heiligen. Und doch hat der Mensch von jeher gewußt, daß bestimmte Orte für Gott ausgesondert sind.

Die Pforte steht zwischen dem Draußen und dem Drinnen; zwischen Markt und Heiligtum; zwischen dem, was aller Welt gehört und dem Geweihten Gottes. Und wenn Einer durch sie hindurchgeht, dann spricht sie zu ihm: Laß draußen, was nicht hereingehört, Gedanken, Wünsche, Sorgen, Neugierde, Eitelkeit. Alles, was nicht geweiht ist, laß draußen. Mach dich rein, du trittst ins Heiligtum.

Wir sollten nicht eilfertig durch die Pforte laufen!

Sollten mit Bedacht hindurchgehen und unser Herz auftun, damit es vernehme, was sie spricht. Vielleicht sogar, wenn es ohne Störung Anderer möglich ist, vorher ein wenig innehalten, damit unser Durchgang ein Schritt der Läuterung und Sammlung werde.

Aber die Pforte sagt noch mehr. Gib einmal acht: wenn du hindurchgehst, hebst du unwillkürlich Kopf und Augen. Der Blick steigt empor und weitet sich in den Raum. Die Brust tut sich auf; in der Seele wird es groß. Der hohe Kirchenraum ist ein Gleichnis der unendlichen Ewigkeit, des »Himmels«, wo Gott wohnt. Gewiß, die Berge sind noch höher, die blaue Weite draußen steigt ins Unmeßbare. Aber alles ist offen, ohne Grenze noch Gestalt. Doch hier aber ist der Raum für Gott ausgesondert; für Ihn geformt, heilig durchbildet. Wir fühlen die aufsteigenden Pfeiler, die breiten Wände, die hohe Wölbung: Ja, das ist Gottes Haus, Gottes Wohnung in einer besonderen, geistlichen Weise.
Die Pforte aber führt den Menschen in dieses Geheimnis: Sie sagt: Mach dich frei von allem, was eng und ängstlich ist. Wirf ab, was niederdrückt. Weite die Brust; hebe die Augen! Gottes Tempel ist dieses und ein Gleichnis deiner selbst, denn

Gottes lebendiger Tempel bist du ja, dein Leib und deine Seele; mache ihn frei und hoch!

»Hebet hoch, ihr Tore, eure Häupter, hebet euch, ihr alten Pforten, daß seinen Einzug halte der König der Herrlichkeit!«, sagt der dreiundzwanzigste Psalm von der Pforte des Tempels in Jerusalem. Höre den Ruf. Was hilft dir das Haus von Holz und Stein, wenn du nicht selbst lebendiges Haus Gottes bist? Was hilft es dir, wenn die Tore sich hoch wölben, und schwere Flügel sich voneinander tun, aber drinnen, in dir, öffnet sich nichts, und der König der Herrlichkeit findet keine Stätte, darin Er wohnen könne?

Die Kerze

Wie ist es um unsere Seele doch so eigen bestellt! Mit allen Dingen der Welt ergeht es ihr wie einst dem ersten Menschen, als Gott ihn die Tiere benennen ließ: »Für den Menschen fand Er keine Hilfe, die zu ihm paßte.« (Gen 2,20) Vor allen Dingen fühlt sie: ich bin anders. Keine Wissenschaft der Welt zerstört ihr dieses Wissen, und keine Niedrigkeit löscht es aus: Ich bin anders als alles

Übrige in der Welt. Im Innersten allem fremd, Gott allein verwandt.

Und doch hat die Seele wiederum eine Verwandtschaft mit allen Dingen. Bei allen fühlt sie sich irgendwie zu Hause. Alles spricht zu ihr, jede Gestalt, jede Bewegung und Gebärde. Und rastlos sucht sie darin sich selbst auszusprechen; es zum Sinnbild ihres eigenen Lebens zu machen. Wo immer sie einer starken Gestalt begegnet, fühlt sie darin etwas vom eigenen Wesen offenbart.

Hier liegt der Grund zu allem Gleichniswesen. Jedem Ding zuinnerst fremd, spricht die Seele zu ihm: Das bin ich nicht. Und wieder allem geheimnisvoll verwandt, empfindet sie Dinge und Geschehnisse als Bilder ihres eigenen Seins.

Da ist ein Gleichnis, schön und stark vor vielen: die Kerze – gewiß hast du es schon empfunden.

Sieh, wie sie auf dem Leuchter steht. Breit und schwer ruht dessen Fuß; sicher ragt der Schaft; eng vom Kelch umschlossen und vom weit ausladenden Blatt unterfangen, steigt die Kerze auf. Leise verjüngt sich ihre Gestalt; fest geformt, so hoch sie auch ragt. So steht sie im Raum, schlank, in unberührter Reine, und doch warm getönt ihre Farbe; herausgehoben durch ihre klare Form aus aller Vermischung.

Oben schwebt die Flamme, und darin wandelt die Kerze ihren reinen Leib in warmes, strahlendes Licht.

Fühlst du vor ihr nicht etwas ganz Edles erwachen? Sieh doch, wie sie steht, wankellos auf ihrem Platz, hoch aufgerichtet, rein und adelig. Fühle, wie alles an ihr spricht: Ich bin bereit! Nichts an ihr flieht, nichts biegt aus. Alles ist klare Bereitschaft. So verzehrt sie sich in ihrer Bestimmung, unaufhaltsam, zu Licht und Glut.

Du sagst vielleicht: Was weiß die Kerze davon? Sie hat doch keine Seele!

Gib du sie ihr! Laß sie zum Ausdruck der deinen werden. Laß vor ihr alle edle Bereitschaft erwachen: Herr, hier bin ich! Dann empfindest du ihr reines Dastehen als Ausdruck deiner eigenen Gesinnung.

Laufe deiner Bestimmung nicht weg. Harre aus. Frage nicht immer nach Warum und Wozu. Es ist der tiefste Sinn des Lebens, sich in Wahrheit und Liebe für Gott zu verzehren, wie die Kerze in Licht und Glut.

Das Weihwasser

Geheimnisvoll ist das Wasser. Rein und schlicht – »keusch« hat der heilige Franziskus es genannt. Selbstlos gleichsam; nur dafür da, Anderen zu dienen, rein zu machen und zu erquicken.
Aber hast du es einmal gesehen, wo es in großer Tiefe stillstand, und dich mit fühlender Seele hineinversenkt? Hast du da gespürt, wie geheimnisvoll die Tiefe war? Wie es schien, als müsse es da drunten aller Wunder voll sein, lockender, schauriger? Oder hast du einmal hineingehorcht, wenn es im Strom daherkommt, immerzu strömt und rauscht, strömt und rauscht? Oder es hat sachteren Fluß, und auf dem Spiegel kreisen die Ringe, strudeln, ziehen?... Da kann so schwermütige Gewalt aus ihm aufsteigen, daß das Herz Mühe hat, sich loszureißen...
Geheimnisvoll ist das Wasser; klar, schlicht, selbstlos. Bereit, rein zu waschen, was beschmutzt ist; zu erquicken, was dürstet. Und zugleich unergründlich, ruhelos, voll Gewalt und Rätsel; niederlockend in den Untergang. Gleichnis der Urgründe, aus denen das Leben strömt und der Tod ruft...

Da verstehen wir gut, wie die Kirche es zum Gleichnis und Träger des göttlichen Lebens, der Gnade, gemacht hat.

Aus der Taufe sind wir einst als neue Menschen hervorgegangen, »aus Wasser und Geist geboren« (Joh 3,5), nachdem der alte Mensch darin untergegangen, gestorben war.

Mit »heiligem Wasser«, Weih-Wasser, benetzen wir im Kreuzzeichen Stirn und Brust, Schulter und Schulter, mit dem Ur-Element, dem Klaren, Schlichten, Fruchtbaren und Rätselhaften; das Sinnbild und Mittel des übernatürlichen Lebenselementes, der Gnade, ist.

In der Weihe hat die Kirche das Wasser »rein« gemacht, rein von den dunklen Gewalten, die in ihm schlummern. Das ist kein leeres Wort. Wer innerlich wach ist, hat ihn gewiß schon einmal empfunden, den Zauber der Naturgewalt, die sich aus dem Wasser erheben kann. Aber ist es bloß Natur-Gewalt? Nicht etwas Dunkles, Außer-Natürliches? In der Natur, in all ihrem Reichen und Schönen ist auch das Böse, das Dämonische. In der seelenverstumpfenden Stadt hat der Mensch dafür oft keinen Sinn mehr; aber die Kirche weiß darum und »reinigt« deshalb das Wasser von allem Widergöttlichen; »weiht« es und bittet Gott, daß Er es zum Mittel seiner Gnadenkraft mache.

Wenn nun der Christ Gottes Haus betritt, dann netzt er Stirn und Brust und Schulter, das heißt, sein ganzes Wesen, mit dem reinen und reinmachenden Wasser, auf daß seine Seele lauter werde. Ist das nicht schön? Wie in diesem Brauch die entsündigte Natur, und die Gnade, und der nach Reinheit verlangende Mensch sich im Zeichen des Kreuzes zusammenfinden?

Oder am Abend: Die Nacht ist keines Menschen Freund, sagt das Sprichwort, und sagt etwas Wahres. Wir sind für das Licht geschaffen. Sobald der Mensch sich in den Schlaf gibt, erlischt das Licht des Tages und das des Bewußtseins. So bezeichnet er sich wohl mit dem Zeichen des Kreuzes und heiligem Wasser, dem Sinnbild der entsühnten Natur: Gott möge ihn schützen vor allem, was finster ist. Und wenn er morgens aus dem Schlaf, aus Dunkelheit und Unbewußtsein wieder hervorgeht und sein Leben neu beginnt, dann mag er es wieder tun. Das ist wie eine leise Erinnerung an jenes Wasser, aus dem er in der Taufe zum Licht Christi hervorgegangen ist. Schön ist auch dieser Brauch und wert, erneuert zu werden. In ihm begegnen sich die erlöste Seele und die erlöste Natur im Zeichen des Kreuzes.

Die Flamme

An spätem Herbstabend gehst du über Land. Um dich her ist es dunkel und kalt. Die Seele fühlt sich einsam in der toten Weite. Ihr Verlangen sucht umher, wo es haften könne, aber nichts antwortet. Der kahle Baum, der kalte Bergzug, die leere Ebene – alles tot; sie allein lebendig in der Öde rings. Da strahlt bei einer Wendung des Weges auf einmal ein Licht auf: Hat es nicht herübergerufen? Wie eine Antwort auf das Suchen der Seele? Wie etwas Erwartetes, Zugehöriges?

Oder du sitzest spät im trüben Zimmer. Die Wände stehen grau und teilnahmslos, der Hausrat stumm. Da kommt ein wohlbekannter Schritt; eine geschickte Hand richtet den Ofen, es knistert drinnen, die Flamme züngelt auf, und aus dem offenen Türchen fällt roter Schein ins Zimmer, wohlige Wärme fließt her – alles ist verwandelt. Wie wenn in einem erloschenen Gesicht plötzlich freundliches Leben aufleuchtet.

Ja, das Feuer ist dem Lebendigen verwandt. Ist unserer lebendigen Seele reines Sinnbild; Bild von all dem, was wir innerlich erfahren: warm und leuchtend, immer bewegt, immer aufwärtsstrebend.

Wenn wir die Flamme emporzüngeln sehen, jedem Lufthauch folgend und doch nicht abzubringen von ihrem Empor, strahlend von Licht, Fluten von Wärme aussendend – fühlen wir da nicht eine tiefe Verwandtschaft mit dem in uns, das ebenfalls immer brennt, und Licht ist, und aufwärts strebt, so oft es auch von widrigen Gewalten niedergebogen wird? Und wenn wir sehen, wie die Flamme ihre ganze Umgebung durchwirkt, beseelt, verklärt; wie sie sofort zum Mittelpunkt wird, wo immer sie aufleuchtet – ist das nicht ein Bild des geheimnisvollen Lichtes in uns, das in dieser Welt entzündet ist, alles zu durchdringen und ihm eine Heimat zu geben?

So ist es. Als ein Bild unseres Inneren brennt die Flamme; des Strebenden, Leuchtenden, Starken, des Geistes. Wo wir ihr begegnen, fühlen wir ihr Wallen und Leuchten wie etwas Lebendiges zu uns sprechen. Und wollen wir unser eigenes Leben ausdrücken, es irgendwo sprechen lassen, dann entzünden wir da eine Flamme.

So verstehen wir auch, warum sie dort brennen muß, wo wir eigentlich sein sollten, vor dem Altar. Dort sollten wir stehen, anbetend, aufmerkend, alles Helle und Starke in uns gesammelt in die heilige Nähe. Gottes Blick auf uns gerichtet, und wir auf Ihn. So sollte es sein. Das bekennen wir dadurch, daß wir als Bild und Ausdruck unseres Lebens die Lampe dort anzünden.

Die Flamme in der ewigen Lampe, hast du schon daran gedacht? Das bist du. Deine Seele bedeutet sie – soll sie bedeuten! Denn durch sich allein sagt das irdische Licht ja nichts. Du mußt es zum Ausdruck deines Gott zugewandten Lebens machen. Dort, an der Stätte der heiligen Nähe, soll wirklich der Ort sein, wo deine Seele ganz lebendig ist, ganz Flamme, ganz Licht für Ihn. So ganz soll sie dort daheim sein, daß die stille Flamme in der Lampe wirklich Ausdruck deines Innern wird.

Mühe dich darum. Es geht nicht von selbst. Kommst du Ihm aber näher, dann magst du nach solchen Augenblicken leuchtender Stille ruhig wieder unter die Menschen gehen. Die Flamme bleibt am Ort der heiligen Nähe zurück, und spricht für dich.

Die Asche

Am Waldrand steht ein Rittersporn. Eigenwillig gebuckelt seine dunkelgrünen Blätter; biegsam und fest geformt die schlanken Stengel. Die Blüte wie aus schwerer Seide geschnitten, mit einer Bläue, so edelsteinleuchtend, daß sie die ganze Luft rings umher erfüllt. Wenn nun Einer käme und die Blume bräche, würde dann ihrer überdrüssig und würfe sie ins Feuer – nur wenige Augenblicke, und die ganze leuchtende Pracht wäre ein schmaler Streif grauer Asche.

Was aber das Feuer hier in kurzen Augenblicken getan hätte, das tut die Zeit immerfort an allem, was lebendig ist: am zierlichen Farn, an der hohen Königskerze, an der gewaltig stehenden Eiche. Sie tut es am leichten Schmetterling wie an der raschen Schwalbe; am kleinflinken Eichkätzchen und am schweren Stier. Immer ist es das Gleiche, ob es nun rascher geht oder langsamer; durch eine Wunde, oder eine Krankheit, Feuer, oder Hunger, oder was sonst: einmal wird aus blühendem Leben Asche.

Aus der starken Gestalt wird ein schütteres Häufchen Staub, das jeder Wind zerweht. Aus den leuchtenden Farben grauliches Mehl. Aus dem warm schwellenden, fühlenden Leben kärgliche Erde; weniger als Erde: Asche!

Auch uns geht es so.

Denke daran, Mensch:
Staub bist du,
Und zu Staub kehrst du zurück!

Vergänglichkeit – das ist es, was die Asche spricht. Unsere Vergänglichkeit – nicht die der Anderen, meine! Mein Vergehen spricht sie mir, wenn der Priester am Beginn der Fastenzeit mir mit der Asche der einst frisch grünenden Zweige vom vorjährigen Palmsonntag das Kreuz auf die Stirne schreibt:

Memento homo
Quia pulvis es
Et in pulverem reverteris!

Alles wird zu Asche. Mein Haus, mein Gewand und Gerät und Geld; Acker, Wiese und Wald. Der Hund, der mich begleitet, und das Tier im Stall. Die Hand, mit der ich schreibe, das lesende Auge, mein ganzer Leib. Die Menschen, die ich geliebt, die Menschen, die ich gehaßt, und die Menschen, die ich gefürchtet habe. Was mir auf Erden groß erschienen ist, und was klein – alles Asche…

Der Weihrauch

»Ich sah… Und ein anderer Engel kam, und trat an den Altar, und er hatte ein goldenes Rauchfaß, und es wurde ihm viel Räucherwerk gegeben… Und der Rauch des Räucherwerks stieg für die Gebete der Heiligen auf aus der Hand des Engels vor Gott.« So spricht die Geheime Offenbarung (8,3–4).

Ein schönes Bild, wie die klaren Körner auf die Glut gelegt werden und aus dem geschwungenen Gerät der duftende Rauch aufsteigt. Wie eine Melodie von Bewegung und Wohlgeruch ist es, ohne Zwecke und nützliche Absichten, schenkende Liebe.

Wie damals, als der Herr im Hause des Lazarus in Bethanien zu Tische saß, Maria, die Schwester des Lazarus, kostbares Nardenöl hertrug, es über Jesu Füße goß, sie mit ihren Haaren trocknete, und der Duft das ganze Haus erfüllte. Enger Sinn murrte: Wozu die Verschwendung? Gottes Sohn aber sprach: »Laß sie gewähren! Für den Tag meines Begräbnisses hat sie es aufbewahrt.« (Joh 12,1–7) Ein geheimnisvolles Geschehnis, in welchem Liebe und kostbarer Duft und Nähe des erlösenden Opfers zusammengehen.

Das liegt im Weihrauch: ein Geheimnis der Schönheit, die von keinem Zweck weiß, sondern frei aufsteigt; der Liebe, die brennt und durch den Tod geht: des Gebetes, und gerade jenes Gebetes, das an keinen Zweck denkt, sondern Gott lobt und

Ihm dankt, »weil so groß seine Herrlichkeit ist«. Auch hier aber fragt der dürre Sinn, der nur versteht, was berechnet werden kann: Wozu das alles?

Freilich kann das schöne Bild auch unernst werden; die duftenden Wolken können müßige Geheimnisstimmungen erzeugen. Geschieht das, dann hat das christliche Gewissen recht, wenn es Einspruch erhebt und an Jesu Wort erinnert, daß »die wahren Anbeter den Vater anbeten werden in Geist und Wahrheit« (Joh 4,23). Es gibt aber auch eine Philisterei in der Religion, die aus dürrem Herzen kommt, wie das murrende Wort des Judas von Kariot, und das Gebet nach Gesichtspunkten geistlicher Nutzbarkeit betrachtet.

Diese Gesinnung weiß nichts von der Fülle des Gebetes, die nach keinem Warum und Wozu fragt, sondern aufsteigen will, weil sie Liebe ist und Duft und Schönheit. Und je mehr sie liebt, desto mehr ist sie auch Opfer, und der Duft kommt aus zehrendem Feuer.

Licht und Glut

Wir verlangen nach der Vereinigung mit Gott, wir müssen es, aus innerster Notwendigkeit, denn »zu Ihm hin hat Er uns geschaffen«, hat der heilige Augustinus gesagt. Zwei Wege sind uns dahin gewiesen. Sie sind verschieden geartet, münden aber in das gleiche Ziel.

Der erste Weg geht durch Erkenntnis und Liebe. Erkennen ist Vereinigung. Erkennend durchdringen wir die Dinge, ziehen sie in uns herein. Sie werden uns zu eigen; zu einem Teil unseres Lebens. Auch Liebe ist Vereinigung. Nicht nur ein Streben danach; sie selbst ist schon Einung. Soviel ein Mensch etwas liebt, soviel gehört es ihm. Die Liebe aber, von der hier die Rede ist, die Liebe zu Gott ist von besonderer Art. Man drückt das wohl so aus, daß man sagt, sie sei »geistig«. Doch das Wort trifft das Gemeinte nicht. Besser sagt man, jene Liebe wirke Vereinigung nicht im Sein, sondern in Bewußtsein und Gesinnung.

Dafür gibt es ein schönes Gleichnis: Licht und Glut. Da steht die Kerze, trägt strahlende Flamme. Unser Auge sieht ihr Licht, nimmt es in sich auf, wird mit ihm eins und berührt es doch nicht. Die

Flamme bleibt in sich, und das Auge auch, und doch geschieht ein Einswerden; eine Vereinigung in Ehrfurcht und Keuschheit, möchte man sagen, ohne Berührung noch Vermischung, rein im Schauen.

Ein tiefes Gleichnis jener Vereinigung, die sich zwischen Gott und Seele in der Erkenntnis vollzieht. »Gott ist Wahrheit«, sagt die Heilige Schrift (Jer 10,10). Wer die Wahrheit erkennt, hat sie im Geiste. So ist Gott in dem Gedanken, der Ihn erkennt; Er lebt in dem Geiste, der Ihn wahr denkt. Darum bedeutet »Gott erkennen«: sich mit Ihm vereinigen, so wie das Auge sich im Schauen des Lichtes mit der Flamme vereinigt.

Mit der Flamme gibt es auch eine Vereinigung durch ihre Glut. Wir spüren sie im Antlitz, auf der Hand; wir merken, wie sie uns wärmend durchdringt, und doch steht die Flamme unberührt in sich selbst.

So ist die Liebe: ein Vereinigtwerden mit der Gottflamme durch die Glut, und doch rührt nichts an sie. Denn Gott ist gut, und wer das Gute liebt, dem lebt es im Geiste. Das Gute ist mein, sobald ich es liebe; und soviel ich es liebe, soviel gehört es mir, und doch rühre ich nicht an es. Gott ist das Gute – so wesenhaft und einzig, daß Christus zu dem Jüngling sagen konnte: »Niemand ist gut, außer

Gott allein.« (Mk 10,18) Und Johannes sagt: »Wer in der Liebe bleibt, der bleibt in Gott, und Gott bleibt in ihm.« (1 Joh 4,16)

Gott erkennen und Gott lieben ist Vereinigung mit Ihm. Darum wird die ewige Seligkeit ein Schauen und ein Lieben sein. Und das bedeutet kein hungerndes Davorstehen, sondern tiefstes Innesein; Erfüllung und Sättigung.

Wir haben früher bedacht, wie die Flamme zum Gleichnis der Seele wird. Nun erkennen wir in ihr auch ein Gleichnis des Lebendigen Gottes, denn »Gott ist Licht und keine Finsternis in Ihm« (1 Joh 1,5). Wie die Flamme Licht aussendet, so Gott Wahrheit. Die Seele aber nimmt erkennend die Wahrheit in sich auf und vereinigt sich darin mit Gott – so, wie unser Auge das Licht schaut und darin mit der Flamme eins wird. Und wie die Flamme Glut aussendet, so Gott wärmende Güte. Wer aber Gott liebt, der wird in Gottes Güte eins mit Ihm, so wie Hand und Antlitz mit der Flamme, wenn sie deren Wärme spüren. Aber die Flamme bleibt in sich unberührt, so wie von Gott gesagt ist, daß Er »wohnt im unzugänglichen Licht« (1 Tim 6,16).

Nun verstehen wir, was das bedeutet, wenn in den Weihen der Osternacht die Kerze zum Sinnbild

Christi wird. Wenn der Diakon die Flamme jubelnd als *Lumen Christi* verkündet, und die Lichter in der Kirche daran entzündet werden, auf daß überall des Lebendigen Gottes Licht und Glut leuchte und wärme.

Brot und Wein

Noch ein anderer Weg führt zur Vereinigung mit Gott. Von ihm würde man nicht reden dürfen, wenn nicht Christi Wort selbst ihn wiese und die Liturgie der Kirche ihn so zuversichtlich ginge.
Es gibt nicht nur die Vereinigung des Schauens und Liebens, des Bewußtseins und der Gesinnung; es gibt auch eine Vereinigung des lebendigen Seins. Nicht nur unser Erkennen und Wollen strebt zu Ihm, sondern unser ganzes Wesen. »Meine Seele dürstet nach Dir, mein Leib verlangt nach Dir, wie dürres, dürstendes Land, das des Wassers entbehrt«, heißt es im zweiundsechzigsten Psalm, und der Mensch wird erst gestillt, wenn er auch in Leben und Sein mit Ihm verbunden ist. Das bedeutet nicht Vermischung noch Verschmelzung. Solches zu behaupten, wäre nicht nur vermessen, sondern

unsinnig, denn nichts Geschaffenes kann sich mit dem göttlichen Sein vermischen. Und doch gibt es eine andere Vereinigung als die des Erkennens und Liebens: die Vereinigung seienden Lebens.

Wir verlangen danach, müssen es, und für dieses Verlangen gibt es einen tiefen Ausdruck. Die Heilige Schrift selbst legt ihn uns auf die Lippen: so möchten wir mit Gott geeint werden, wie unser Leib mit Speise und Trank. Der gleiche Psalm sagt: »Satt wie an üppiger Nahrung soll meine Seele werden, und mein Mund Dich loben mit jubelnden Lippen.« (62,6) Nicht nur erkennen möchten wir Ihn, nicht nur lieben, sondern Ihn greifen, halten, haben – ja, sagen wir es getrost, essen, trinken, in uns hinein, bis wir von Ihm gesättigt wären, gestillt, Seiner voll.

Das ist es. Wir würden ja aus eigenem Recht solches nicht zu fordern wagen; wir müßten uns vor dem Frevel fürchten. Nun aber Gott selbst so spricht, sagt unser Inneres: So muß es sein.

Nochmals: nichts Unehrerbietiges kann damit gemeint sein. Nichts, was danach aussähe, als wollten wir die Grenze verwischen, die uns Geschöpfe von Gott scheidet. Aber wir dürfen uns zu dem bekennen, was Er selbst als Sehnsucht in uns gelegt hat. Dürfen dessen froh werden, was seine übergroße

Güte uns schenkt. In dem geheimnisvollen sechsten Kapitel des Johannesevangeliums spricht Christus: »Denn mein Fleisch ist wahre Speise, und mein Blut ist wahrer Trank. Wer mein Fleisch ißt und mein Blut trinkt, bleibt in mir und Ich in ihm.« Und wieder: »Wie mich der lebendige Vater gesandt hat und ich lebe, weil der Vater lebt, wird auch der, welcher mich ißt, leben, weil Ich lebe.« (55–57) Ihn »essen«... den lebendigen Gottmenschen hereinnehmen in uns – ist das nicht über alle Begriffe hinaus mehr, als wir aus Eigenem zu wünschen vermögen? Und doch, wenn wir uns genau besinnen, das, was unser Innerstes wünschen muß.

Dieses Geheimnis findet seinen Ausdruck in den Gestalten des Brotes und des Weines.
Brot ist Nahrung. Ehrliche, die wirklich nährt; kernhafte, deren man nie überdrüssig wird. Das Brot ist wahrhaftig – und ist gut: nimm das Wort in seinem tiefen Sinn. In der Gestalt des Brotes aber wird Gott lebendige Nahrung für uns Menschen. Der heilige Ignatius von Antiochien schreibt den Gläubigen von Ephesus: »Wir brechen ein Brot; das sei uns Heiltum der Unsterblichkeit« – eine Speise, die unser ganzes Sein nährt mit dem Lebendigen Gott und macht, daß wir in Ihm sind und Er in uns.

Wein ist Trank. Ja, daß ich es recht sage: nicht nur Trank, der den Durst löscht; das tut das Wasser. Vom Wein sagt der Schöpfungspsalm, daß er »des Menschen Herz erfreut« (103,15). Das Johannesevangelium erzählt, daß der Herr ihn in Kana den zur Hochzeitsfeier Versammelten durch ein Wunder in Fülle gespendet habe (Joh 2); und in der apokalyptischen Vision von der Lösung der sieben Siegel, die von kommendem Unheil kündet, sagt die Stimme: »Dem Öl [den Ölbäumen] und dem Wein füge keinen Schaden zu« (Offb 6,6). Wir verstehen, daß hier nicht von Unmaß die Rede ist, sondern daß der Wein hier ein Bild von reichem Leben ist, von Duft, und von Kraft, die alles weit macht und verklärt. In der Gestalt des Weines gibt Christus uns sein göttliches Blut. Nicht als brav-vernünftiges Getränk, sondern als Übermaß göttlicher Kostbarkeit. *Sanguis Christi, inebria me* – »Blut Christi, berausche mich«, betete Ignatius von Loyola, der Mann mit dem ritterlich heißen Herzen; und die heilige Agnes spricht vom Blute Christi als von einem Geheimnis der Liebe und Schönheit: »Sein Blut hat meine Wangen lieblich gemacht«, heißt es in den Gebeten ihres Festes.

Brot ist uns Christus geworden und Wein, Speise und Trank. Essen dürfen wir Ihn und trinken.

»Brot« bedeutet Treue und standhafte Festigkeit; »Wein« bedeutet Weite und Gewährung ohne Grenzen, Freude über alles Erdenmaß.

Der Altar

Vielerlei Kräfte sind im Menschen: erkennend kann er die Dinge rings erfassen, Sterne und Berge, Meer und Fluß, Baum und Tier und all das Menschenwesen um ihn her. Er kann sie lieben, kann sie auch hassen und wegstoßen. Er kann seine Umwelt ergreifen und formen nach seinem Willen. Ein vielfältiges Gewoge von Freude und Verlangen, von Trauer und Liebe, von Stille und Erregung geht durch sein Herz.

Seine edelste Kraft aber ist die, zu verstehen, daß Höheres über ihm ist; dieses Höhere zu verehren und sich dafür einzusetzen. Der Mensch kann Gott über sich erkennen, kann Ihn anbeten und sich selbst hingeben, »auf daß Er verherrlicht werde«.

Daß aber Gottes Hoheit im Geiste aufleuchte; daß der Mensch nicht selbstsüchtig im Eigenen beharre, sondern sich selbst hingebe, auf daß der Hohe Gott verherrlicht werde, das ist das Opfer.

Im Innersten des Menschen lebt jene Stille und Klarheit, aus der das Opfer zu Gott emporsteigt.

Von diesem Innersten und Stillsten und Stärksten im Menschen ist der Altar draußen das sichtbare Zeichen. Er steht im Heiligsten der Kirche, auf Stufen herausgehoben aus dem übrigen Raum, der selbst vom Werkbereich der Menschen draußen abgesondert ist – abgeschieden wie das Heiligtum der Seele. Fest gebaut auf sicherem Sockel, wie der wahrhaftige Wille im Menschen, der um Gott weiß und entschlossen ist, sich für Ihn einzusetzen. Auf dem Sockel ruht die Altarplatte, die »Mensa«. Kein Gewinkel, sondern freier Plan. Und was auf ihm geschieht, ist kein halbdunkles Tun, sondern allen Blicken offene Handlung – so, wie im Herzen das Opfer stattfinden soll, klar vor Gottes Blick, ohne Vorbehalt noch Hintergedanken.

Beides aber gehört zusammen, der Altar draußen und der drinnen. Jener das Herz der Kirche; dieser das Tiefste lebendiger Menschenbrust, des inneren Tempels, davon der draußen mit seinen Wänden und Wölbungen Ausdruck und Gleichnis ist.

Das Linnen

Über den Altar wird es gebreitet. Es liegt als »Corporale«, als Leibtuch des Herrn unter Kelch und Hostie. Der Priester ist damit bekleidet, wenn er den heiligen Dienst tut, mit der »Albe«, dem »Weißgewand«. Den Tisch des Herrn deckt es, an dem das göttliche Brot gereicht wird.

Köstlich ist rechtes Linnen; rein, fein und fest. Wenn es so weiß und frisch da liegt – ich muß an einen Gang im winterlichen Wald denken. Mit einem Mal kam ich auf eine Halde, die lag voll frisch gefallenen Schnees, makellos, zwischen schwarzen Tannen. Da habe ich mich nicht getraut, mit meinen groben Schuhen hinüber zu laufen; ganz ehrfürchtig bin ich herumgegangen… So liegt das Linnen ausgebreitet für das Heilige.

Auf dem Altar, wo das göttliche Opfer dargebracht wird, muß es vor allem liegen. Vom Altar war schon die Rede, wie er herausgehoben steht, der heiligste Ort im Heiligtum. Der äußere Altar ist Gleichnis des Innersten im glaubenden Menschen. Doch nein, mehr als bloßes Gleichnis: der sichtbare Altar erinnert nicht nur an die Bereitschaft des Herzens; das äußere Gebilde und die innere Tiefe gehören zusammen, sind in geheimnisvoller Weise eins.

Darum spricht uns reines Linnen so stark an. Wir fühlen, ihm antwortet etwas in unserem Innern. Wir empfinden eine Forderung, einen Vorwurf, eine Sehnsucht. Nur aus reinem Herzen kommt das rechte Opfer; das Linnen aber sagt uns manches über die rechte Reinheit.

Fein und edel ist rechtes Linnen: gewalttätiges Wesen schafft noch keine Reinheit; mit mürrischem Gebaren hat sie nichts zu tun. Ihre Kraft ist Kraft der Feinheit; ihre Zucht adelig... Echtes Linnen ist fest. Kein luftiges Spinnwebzeug, das vor jedem Wind zerflattert; so ist auch wahre Reinheit kein kränkliches Ding. Sie flieht nicht vor dem Leben, wandelt nicht schwärmend in unechten Träumen und verstiegenen Idealen. Sie hat die roten Wangen der Lebensfreude und den festen Griff tapferen Kampfes... und noch etwas sagt das Linnen dem nachdenklichen Sinn: es war nicht gleich so fein und rein, wie es nun da liegt. Erst war es rauh und unscheinbar; mußte oft gewaschen und gebleicht werden, bis es seine duftende Frische gewann. Reinheit ist nicht von Anfang da. Gewiß ist sie Gnade; gewiß gibt es Menschen, die sie als Geschenk in ihrer Seele tragen, so daß ihr ganzes Sein die kraftvolle Frische innerster Wesenskeuschheit hat. Aber das sind Ausnahmen; was man sonst wohl Reinheit nennt, ist oft ein recht fragwürdiges

Ding und bedeutet nur, daß noch kein Sturm an ihr gerüttelt hat. Wahre Reinheit steht nicht am Anfang, sondern am Ende.

In der Geheimen Offenbarung des heiligen Johannes ist einmal die Rede von »der großen Menge, die niemand zu zählen vermöchte, aus allen Nationen, Stämmen, Völkern und Sprachen, die vor dem Thron und vor dem Lamme stand, angetan mit weißen Kleidern...« Einer fragt: »Diese, die mit den weißen Kleidern angetan sind, wer sind sie und woher sind sie gekommen?« Darauf wird die Antwort gegeben: »Das sind die, welche aus der großen Trübsal kommen und ihre Kleider gewaschen und sie weiß gemacht haben im Blute des Lammes. Deshalb sind sie vor dem Throne Gottes und dienen Ihm Tag und Nacht.« (7,9–15)
»Kleide mich in weißes Gewand, Herr«, betet der Priester, wenn er die Albe anlegt zum Heiligen Dienst...

Der Kelch

Einmal, es sind schon lange Jahre her, bin ich dem Kelch begegnet. Gewiß, gesehen hatte ich ihrer ja schon viele, aber »begegnet« bin ich ihm damals in Beuron, als der freundliche Pater, der die Sakristei verwaltete, mir ihre Schätze zeigte.

Er hatte einen breiten Fuß, der sicher auf dem Grund stand. Sehr schlank erhob sich der Schaft. Etwas über der Mitte trat, scharf geformt, der Knauf heraus. Auf der Höhe des Schaftes, dort, wo ein schmaler Ring seine edle Stärke noch wie in letzte Zucht sammelte, sproß nach allen Seiten feines Blätterwerk, und in ihm ruhte die Schale.

Wie lebendig habe ich damals die Form gefühlt! Aus tiefem Grunde aufsteigend der schlanke Schaft; von ihm getragen die Gestalt, die nichts ist als Aufnehmen und Darbieten.

Ehrwürdiges Gerät, in schimmerndem Grunde die geheimnisvollen Tropfen bergend, in denen das Mysterium der göttlichen Liebe erscheint.

Dann ging der Gedanke weiter – aber es war kein Denken, sondern ein Schauen oder Fühlen: Steht da nicht, in kleiner Form zusammengefaßt, das All, gesammelt im Herzen des Menschen, dessen ganzer Sinn nach Augustinus' großem Wort darin liegt, daß er »fähig ist, Gott zu fassen«?

Der Segen

Segnen – das Wort in seinem tiefsten Sinn verstanden – kann nur, wer schaffen kann. Segnen kann nur Gott. Segnend schaut Gott sein Geschöpf an. Er ruft es beim Namen. Seine allmächtige Liebe richtet sich auf Herz und Wesenskern des Geschöpfes, und aus Gottes Hand strömt die Kraft, die heil und gut, die wachsen macht.

Nur Gott kann segnen. Denn Segnen ist eine Verfügung über das, was ist und wirkt; ein Machtwort des Herrn der Schöpfung, Zusage und Verheißung vom Herrn der Vorsehung.

Nietzsche hat ein Wort der Empörung gesprochen, als er sagte: »Aus Betenden sollen wir Segnende werden.« Er wußte, was er damit meinte: Gott solle durch den Menschen entthront werden. Aber nur Gott kann segnen; wir sind wesenhaft Bittende.

Der Widerspruch des Segens ist der Fluch. Er bedeutet Urteil des Todes, Siegel des Unheils. Auch er richtet sich gegen ein Antlitz, ein Herz. Er ist Befehl des Herrn, der die Quelle des Lebens schließt.

An der Macht aber, zu segnen und zu fluchen, hat Gott allen Jenen Anteil gegeben, die berufen sind, Leben zu wecken und zu bilden, Leben der Natur und der Gnade: den Eltern und dem Priester. Dazu sind sie gesetzt durch Wesen und Amt.

Macht zum Segnen kann Einer erlangen, der ganz lauter geworden ist; der sich selbst nicht mehr sucht, sondern ganz Diener des Lebendigen sein will.

Immer aber ist es Macht von Gott. Sie versiegt, wenn Einer sie aus Eigenem zu haben beansprucht. Von Wesen sind wir Bittende. Segnende werden wir nur von Gottes Gnaden – ebenso wie wir nur von Gottes Gnaden Macht haben zu wirklichem Befehl.

Was in der Natur vorgebildet ist, findet seine Erfüllung in der Gnade. Denn was im Segen eigentlich wirkt, was im wesenhaften Segen, von dem alles Natürliche nur ein Gleichnis bildet, eigentlich strömt, ist Gottes eigenes Leben. Er segnet mit sich selbst, segnend gibt Er sich selbst. Sein Segnen ist

Zeugung göttlichen Lebens, zur »Teilnahme an der göttlichen Natur«. Das aber ist Gnade, Gottes Geschenk, uns gegeben in Christus. Der Segen, in dem Gott sich uns schenkt, ist im Zeichen des Kreuzes.

Diese Kraft göttlichen Segens hat Er denen verliehen, die an seiner Stelle stehen. Aus dem Geheimnis der christlichen Ehe hat sie der Vater, hat sie die Mutter. Aus dem Geheimnis der Weihe hat sie der Priester. Aus dem Geheimnis der Taufe und der Firmung heraus wird sie dem gegeben, der »Gott liebt aus seinem ganzen Herzen, aus seinem ganzen Gemüte und aus allen seinen Kräften, und seinen Nächsten wie sich selbst.« Diesen allen hat Gott die Gewalt gegeben, mit Seinem eigenen Leben zu segnen – jedem in verschiedener Weise, nach der Weise seiner Sendung.

Seinen Ausdruck findet der Segen durch die Hand, durch ihre Gebärde. Sie legt sich auf das Haupt – so bei der Firmung und der Priesterweihe –, daß durch sie überströme, was von oben, aus der Macht Gottes kommt. Sie formt das Zeichen des Kreuzes auf die Stirn, oder über die Gestalt, daß sich durch sie Gottes Fülle ergieße. Denn die Hand ist das Spendende; sie schafft, sie formt und schenkt.

Ein Letztes ist es, wenn der Segen mit Christi Leib

im Sakrament des Altares vollzogen wird. Das soll in großer Ehrfurcht geschehen und in der Zucht des Geheimnisses.

Die Glocken

Drinnen der Raum der Kirche spricht von Gott. Er ist von der heiligen Gegenwart erfüllt. Er ist ja Gottes Haus, ausgesondert aus der Welt, beschlossen durch Wände und Wölbungen. Dieser Raum steht nach innen gewendet, ins Verborgene. Er spricht von Gottes Geheimnis.

Und der Raum draußen? Die Weite über den Ebenen, die sich nach allen Seiten endlos dehnt? Die über den Höhen, ins Unendliche hinaufgespannt? Die in den Tälern, tief ruhend, umfangen von den Bergen? Ist die dem Heiligtum nicht verbunden?

Auch sie ist es. Aus dem Hause Gottes wächst der Turm in die freie Luft und nimmt sie gleichsam für Ihn in Besitz. Im Turm, im Gestühl hängen die Glocken, schwer von Erz. Sie schwingen um die Welle; ihr ganzer Körper schwingt in sich selbst. Er sendet Klang auf Klang hinaus in die Weite. Wogen des Wohllauts: helle, rasche, oder schwere, volle, oder tiefe, langsam dröhnende. Sie strömen hinaus, durchfluten die Weite und füllen sie mit der Botschaft des Heiligtums.

Der Klang der Glocken ist Botschaft der Weihe; Botschaft vom Gott ohne Grenzen und Enden; die Botschaft der Sehnsucht und der unendlichen Erfüllung. Wenn der Klang der Glocken über die Ebene herkommt, dann zieht die Sehnsucht mit ihm in die Ferne, bis sie inne wird, daß die Erfüllung nicht am blau verschwimmenden Horizont liegt, sondern drinnen... Wenn von der Kirche auf dem Berge die Glockenklänge ins Tal herabfluten, dann dehnt sich die Brust und fühlt, daß der innere Raum weiter ist, als sie sonst weiß... Oder der Klang kommt im Walde, fernher durch die grüne Stille – was wird da alles wach! Lang Vergessenes steigt auf, daß man steht und horcht, und sich besinnt: Was ist das nur?...
So weit die Welt – sagen die Glocken... So voll der Sehnsucht... Gott ruft. In Ihm allein ist der Friede...
O Herr, weiter als die Welt ist meine Seele, tiefer als alle Täler ihr Verlangen, und ihre Sehnsucht schmerzlicher als fern verlorener Glockenklang...
Du, Herr, allein kannst sie erfüllen, Du allein...

Geheiligte Zeit

Jede Stunde des Tages hat ihren eigenen Ton. Aber drei gibt es, die uns mit besonders klarem Antlitz ansehen: der Morgen, der Abend und, zwischen beiden, die Mittagsstunde.

Der Morgen

Das Angesicht des Morgens leuchtet vor allen Stunden stark und hell. Er ist Anfang. Das Geheimnis der Geburt erneuert sich an jedem Morgen. Wir kommen aus dem Schlaf, in welchem unser Leben sich verjüngt hat, und fühlen: Ich lebe! Ich bin.
Dieses neu durchlebte Sein wird Gebet. Es wendet sich zu Ihm, von dem es kommt: Gott, Du hast mich erschaffen; ich danke Dir, daß ich sein, daß ich leben darf. Danke Dir für alles, was ich habe und bin. Das neu empfundene Leben spürt seine Kraft und drängt zur Tat. So kehrt es sich zum kommenden Tag und seinen Aufgaben. Auch das

wird zu Gebet: Herr, in Deinem Namen, in Deiner Gnade beginne ich den Tag. Er soll ein Werk für Dich sein!

Das ist die heilige Stunde des Morgens. Das Leben erwacht. Neu seines Daseins inne, bringt es Gott den Dank des Geschaffenseins dar. Es wendet sich dem Tagewerk zu, bereit, es in Gottes Kraft und für Ihn zu vollbringen.

Von der ersten Stunde des Tages hängt viel für seinen Verlauf ab. Sie ist sein Anfang. Man kann ihn auch ohne richtigen Anfang beginnen, gedankenlos in ihn hineingleiten. Das ist dann überhaupt kein richtiger Tag, sondern ein Fetzen Zeit, ohne Form noch Angesicht. Ein Tag ist aber ein Weg; der will Richtung. Ein Tag ist ein Werk; das fordert klaren Willen.

Richtung und Willen und klares, zu Gott schauendes Antlitz – das alles gibt der recht gelebte Morgen.

Der Abend

Auch er hat sein Geheimnis. Der Tag geht zu Ende; der Mensch rüstet sich, in das Schweigen des Schlafes einzugehen. Der Morgen war vom Kraftgefühl des erneuerten Lebens erfüllt; am Abend ist das Leben müde und sucht Ruhe. Und hindurch klingt das Geheimnis des letzten Endes, des Todes.

Während des Tagesablaufs vernehmen wir es in der Regel nicht, denn unser Inneres ist von den Bildern des gegenwärtigen Lebens erfüllt, von Wünschen und Plänen für die kommende Zeit gespannt. Manchmal klingt es leise herein, wie fernes Ahnen. Am Abend fühlen wir leichter, manchmal bedrängend, wie das Leben sich neigt, dem großen Dunkel zu, »da niemand mehr wirken kann«.

Viel hängt davon ab – besser müßte man sagen: alles, noch einmal, das Ganze des Daseins – ob wir das Geheimnis des Todes verstehen. Sterben heißt nicht nur, daß ein Leben zu Ende geht. Sterben ist das letzte Aufgebot dieses Lebens; seine äußerste, alles entscheidende Tat. Was Einer tut, ist damit nicht fertig. Immer kommt es noch darauf an, was er daraus macht. Danach, wie er sich dazu stellt, schafft er aus dem bereits Geschehenen etwas Neues, zum Guten oder zum Schlimmen.

Denke, ein Mensch hätte großes Unrecht getan, oder ein schweres Schicksal wäre über ihn hereingebrochen. Wohl ist das Geschehene geschehen, es ist aber noch nicht endgültig und abgeschlossen.

Der es getan hat, kann es leicht nehmen und vergessen oder darüber bitter und hart werden – er kann aber auch umdenken und neu beginnen. Dann erst vollendet sich, was schon lang geschehen war. So ist der Tod das letzte Wort, das ein Mensch zu seinem ganzen vergangenen Leben spricht; das endgültige Antlitz, das er ihm gibt. Da geht es um die letzte Entscheidung: ob er sein Leben noch einmal vor Gott in die Hand nimmt und seinen Sinn für die Ewigkeit bestimmt. Die Reue erfaßt, was verfehlt war, und glüht es um; Demut und Dank geben dem Herrn die Ehre für das Gute, das geschehen ist, und alles wird hineingeworfen in die rückhaltlose Hingabe an Gott – oder aber der Mensch bleibt gleichgültig oder verzagt und läßt das Leben in ein Ende ohne Würde und Kraft entgleiten. Dann hat es überhaupt kein »Ende«; es hört bloß auf. Es hat keine Gestalt und kein Antlitz.

Das ist die *ars moriendi*, hohe »Kunst des Sterbens«, welche das vergangene Leben zu einem einzigen Ja für Gott macht. Nun sieh: jeder Abend soll eine Übung in dieser hohen Kunst sein, dem Leben einen wirklichen Beschluß zu geben, der allem Vergangenen erst end-gültigen Wert und ewiges Antlitz schafft.
Abendstunde ist die Stunde des Vollendens. In ihr

tritt der Mensch vor Gott, ahnend, daß er einst von Angesicht zu Angesicht zur letzten Verantwortung vor Ihm stehen wird. Er fühlt, was in dem Worte liegt: »Es ist geschehen«. Das Gute, das Böse, Verlieren und Vergeuden. Er tritt auf die Seite Gottes, des Ewigen, »dem alles lebt«, Vergangenes wie Zukünftiges, und der selbst Verlorenes dem Reuigen wiederschenken kann. Vor Ihm gibt er dem vergangenen Tag sein endgültiges Antlitz. Was darin nicht recht war, erfaßt die Reue und »denkt es um«; was gut gewesen, davon tut demütig-aufrichtiger Dank alle Eitelkeit ab. Und alles Ungewisse, alles Unzulängliche, Arme und Trübe taucht rückhaltloses Vertrauen in Seine allmächtige Liebe.

Die Mittagsstunde

Am Morgen hebt das Leben an. Es steigt; erst rasch und freudig; dann ballen sich die Widerstände, äußere wie innere, und der Aufstieg wird langsamer. Endlich erreicht es die Mittagshöhe. Bald beginnt es wieder abzusinken, wird immer müder, bis es, nach kurzem, neuem Aufschwung, in die Ruhe der Nacht eingeht.

Zwischen Anheben aber und Zur-Ruhe-Kommen, auf der Scheitelhöhe des Tages, atmet ein kurzer, wundersamer Augenblick: die Tagesmitte. Da schaut das Leben nicht in die Zukunft, denn es drängt nicht voran. Das Absinken hat noch nicht begonnen, so sieht es noch nicht ins Vergangene zurück. Es steht, aber nicht müde, ist noch aller Kraft des Laufes voll. Es steht in reiner Gegenwart. Und sein Blick geht ins Weite und Tiefe.

Wie ist der Augenblick des Mittags reich! In der Stadt, wo alles lärmt und rennt, empfindest du ihn nicht. Aber geh hinaus, durch die Kornfelder, oder auf die stille Heide, im Sommer etwa, wenn die Sonne im Scheitel steht, und die Weite glüht – wie wird dann alles so tief! Du stehst, und alle Zeit versinkt. Dann kann es sein, du fühlst, wie die Ewigkeit dich anschaut. In alle Stunden spricht die Ewigkeit, aber dem Mittag ist sie Nachbar. Da wartet die Zeit und tut sich auf. Der Mittag ist reine Gegenwart, die Fülle des Tages.
Fülle des Tages... Nähe der Ewigkeit... Warten und offen sein... Fern her tönt die Glocke zum »Engel des Herrn«... Sie spricht in den schweigenden Mittag die erlösende Botschaft:
»Der Engel des Herrn brachte Maria die Botschaft: und sie empfing vom Heiligen Geist –
Maria sprach: Siehe, ich bin eine Magd des Herrn... mir geschehe nach deinem Wort –

Und das Wort ist Fleisch geworden... und hat unter uns gewohnt.«

Jede Mittagsstunde ist ein Widerhall vom Mittag des Menschheitstages, der »Fülle der Zeit«. Und ein Mensch war, in dem stand diese Fülle, und wartete: Maria. Sie eilte nicht; sie schaute nicht voraus, noch zurück. Die Fülle der Zeit stand in ihr, lautere Gegenwart, offen der Ewigkeit, und wartete. Und die Ewigkeit neigte sich, die Botschaft kam, und das ewige Wort ward Fleisch in ihrem reinen Schoß. Die Glocke spricht dieses Geheimnis in unseren Tag. Immer wieder lebt in der Mittagsstunde des christlichen Tages das Geheimnis des Menschheitsmittags auf. Durch alle Zeiten klingt die Fülle der Zeit.

Unser ganzes Leben sollte der Ewigkeit Nachbar sein. Immer sollte in uns die Stille sein, die nach der Ewigkeit hin offensteht und horcht. Aber das Leben ist laut und überschreit sie. So sollten wir wenigstens in der geweihten Mittagsstunde zum »Engel des Herrn« innehalten; wegtun, was sich herandrängt, stillstehen und auf das Geheimnis horchen, darin »das ewige Wort, als alles in tiefem Schweigen lag, vom königlichen Stuhle herabstieg«; einmal in äußerem geschichtlichen Geschehen, aber immer aufs neue in jeder Seele.

Und wie kann man sich in diesem Augenblick der Stille so tief eins wissen mit den Anderen, die draußen, durch die Welt hin, in der gleichen Stille stehen, Gemeinschaft haben, gedenken und bitten.

＊

Der Name Gottes

Wir Menschen sind grob geworden. Von vielen tiefen und zarten Dingen wissen wir nichts mehr. Das Wort ist eines davon. Wir meinen, es sei etwas Äußerliches, weil wir sein Inneres nicht mehr spüren. Wir meinen, es sei etwas Flüchtiges, weil wir seine Kraft nicht mehr empfinden.
Es stößt nicht, es schlägt nicht, ist nur zartes Gebilde von Klang und Schall, aber ein feiner Leib für etwas Geistiges. Das Wesen eines Dinges und etwas aus unserer eigenen Seele, das vor jenem Ding erwacht, begegnen sich und gewinnen Ausdruck im Wort.

Auf den ersten Seiten der Heiligen Schrift heißt es, Gott habe dem Menschen »die Tiere vorgeführt«, damit er sie benenne (Gen 2,19f). Mit offenen Sinnen und sehkräftigem Geiste schaute der Mensch durch ihre sichtbare Gestalt in das Wesen und sprach das im Namen aus. Sein Inneres antwortete dem Geschöpf. In ihm rührte sich etwas, das zum Wesen jenes Geschöpfes in besonderer Beziehung stand, ist doch der Mensch Inbegriff und Einheit der ganzen Schöpfung. Diese beiden Elemente, das Wesen des Dinges draußen und die Antwort darauf im Menschen drinnen, beides lebendig geeint, sprach er im Namen aus.

Ein Stück Welt also und ein Stück Menschen-Inneres schlossen sich im Namen zusammen. Wenn dann der Mensch den Namen aussprach, erwachte das Wesensbild des Dinges in seinem Geist, und es tönte herauf, was aus seinem eigenen Innern darauf geantwortet hatte. So war der Name ein geheimnisvolles Zeichen, worin er der Welt und seiner selbst inne wurde.

Worte sind Namen. Und Sprechen war die hohe Kunst, mit dem Namen der Dinge umzugehen; mit dem Wesen der Dinge und dem Wesen der eigenen Seele in ihrem gottgewollten Einklang.

Dieses innige Verhältnis zur Schöpfung und zum eigenen Selbst blieb aber nicht. Der Mensch lehnte sich gegen Gottes Gebot auf, und das Band zerriß. Die Dinge wurden ihm fremd, ja feind. Er schaute nicht mehr mit reinem Auge in sie hinein, sondern begehrlich, herrschsüchtig und zugleich mit dem unsicheren Blick des Schuldigen; sie aber verschlossen ihm ihr Wesen. Auch sein eigenes Wesen entglitt ihm, weil er sich selbstsüchtig hatte durchsetzen wollen. Er lebte nicht mehr kindlich schauend in der eigenen Seele. Sie entsank ihm, und er wurde seiner selbst unwissend und unmächtig.

Der Wort-Name umschließt ihm nun nicht mehr in lebendiger Einheit Ding- und Menschen-Wesen. Nun strahlt ihm daraus nicht mehr der Gottes-Gedanke der im Frieden verbundenen Schöpfung entgegen. Nur ein zerrissenes Bild sieht er darin. Ein verstörter Wesenston voll dunkler Ahnung und Sehnsucht kommt ihm daraus entgegen. Und wenn er einmal das Wort richtig hört, dann steht er, und horcht, und besinnt sich, und findet den Sinn nicht mehr. Es bleibt verworren, rätselhaft, und er fühlt schmerzlich, daß das Paradies verloren ist.

Aber selbst dies ist nicht mehr. Wir Menschen sind so oberflächlich geworden, daß wir nicht einmal mehr den Schmerz über die zerstörten Worte bewahrt haben. Wir haben die Namen immer rascher gesprochen, immer oberflächlicher, äußerlicher, und immer weniger an das Wesen darin gedacht. Haben sie weitergegeben, wie man ein Geldstück weitergibt von Hand zu Hand: man weiß nicht, wie es aussieht, was darauf steht, weiß nur, daß man so und so viel dafür bekommt.

Nun sind die Worte eilig von Mund zu Mund gelaufen. Es waren nur noch Wortmünzen, die das

Ding meinten, es aber nicht offenbarten. Nur Signale, damit die Anderen wüßten, was man wollte.

So ist die Sprache mit ihrem Namen kein ahnungsvoller Verkehr mit dem Wesen der Dinge mehr, keine Begegnung von Ding und Geist. Ist nicht einmal mehr die Sehnsucht nach dem verlorenen Paradies, sondern ein eilfertiges Klappern der Wortmünzen, wie die Zählmaschine mit den Geldstücken wirtschaftet und nichts von ihnen weiß.

Nur manchmal schrecken wir auf. Da ruft es auf einmal aus einem solchen Wort zu uns her, wie aus Urgründen herauf. Das Wesen ruft uns an. Oder das Wort steht auf dem Papier, und aus dem schwarzen Zeichen leuchtet es auf. Der »Name« tritt hervor, das Wesen, die Antwort der Seele. Da fühlen wir wieder das Urerlebnis, daraus das Wort entsprungen ist, in welchem der Geist dem Wesen des Dinges begegnete. Wir fühlen das staunende Schauen, den geistigen Griff, mit dem der Mensch das Wesen des Neuen da vor ihm packte, und es aus dem eigenen Innern heraus ins Gebilde des Namens prägte. Wir schreiten in eine Weite, wir sinken in eine Tiefe, und das Wort ist wieder jenes erste Werk, zu dem Gott den Menschengeist rief.

Aber bald versinkt wieder alles, und die Zählmaschine klappert von neuem...

Vielleicht tritt dir der Name »Gott« einmal so entgegen... Wenn du das vorhin Gesagte bedenkst, dann verstehst du auch, daß die Gläubigen des Alten Bundes den Gottesnamen überhaupt nicht aussprachen. Das hat ja die besondere Auserwählung des jüdischen Volkes ausgemacht: es hat unmittelbarer als andere Völker Gottes Wirklichkeit und Nähe erfahren, seine Größe und Erhabenheit, seine Huld und auch seine Furchtbarkeit. Gott hatte ihnen durch Moses seinen Namen offenbart: »Der Ich-bin, das ist mein Name«, hatte Er gesagt; »Jahwe«, das heißt, »der Ich-bin«, der keines Wesens bedarf, der Mächtig-Handelnde, der ganz in sich selbst steht, alles Seins und aller Kraft Inbegriff (Ex 3,14). Dieser Name wurde so heilig gehalten, daß man ihn gar nicht gebrauchte, sondern an seine Stelle Umschreibungen setzte: »Herr der Scharen«, oder »Hoher König«, oder einfach »Herr«.
Der Name Gottes war ihnen Bild Seines Wesens. Aus seinem Namen hörten sie Gottes Wesen reden. So war ihnen das Wort wie Gott selbst, und sie fürchteten es, wie sie einst auf Sinai den Herrn selbst gefürchtet hatten. Spricht doch Gott von seinem Namen wie von sich selbst. »Dein Sohn«, hat

Er zu David gesprochen, »soll meinem Namen das Haus bauen«; in diesem, dem Tempel, wohnt der Gottesname (1 Kön 5,19). Und in der Geheimen Offenbarung verheißt Christus dem Treubewährten, daß Er »ihn machen will zum Pfeiler im Tempel Gottes«, und seinen »Namen auf ihn schreiben«: Er will ihn weihen und Sich selbst ihm schenken (Offb 3,12).

So verstehen wir das Gebot: »Du sollst den Namen des Herrn, deines Gottes, nicht mißbrauchen« (Ex 20,7). Wir verstehen, daß der Herr uns im Vaterunser beten lehrt: »Geheiligt werde Dein Name«. Und daß wir »in Gottes Namen« beginnen sollen, was immer wir tun.

Geheimnisvoll ist Gottes Name. Das Wesen des Unendlichen leuchtet aus ihm hervor; das Wesen Dessen, »der da ist«, in unendlicher Heiligkeit und unermeßlicher Fülle des Seins.

In diesem Worte lebt auch das Tiefste unserer eigenen Seele. Unser innerstes Wesen antwortet auf Gott, denn es gehört unentrinnbar zu Ihm. Von Ihm geschaffen, und zu Ihm hin, hat es keine Ruhe, bis es mit Ihm vereinigt ist. Keinen anderen Sinn hat ja unser Ich, als daß es in der Gemeinschaft der Liebe mit Gott vereinigt werde. Dies alles, unser ganzer Adel, die Seele unserer Seele liegt in dem

Wort »Gott«, und »mein Gott«: Du mein Ur-
sprung und mein Ziel, meines Seins Anfang und
Ende, Anbetung und Sehnsucht und Reue – alles.

So wollen wir Gott bitten, daß Er uns lehre, seinen
Namen »nie zu mißbrauchen«, sondern ihn zu
»heiligen«. Ihn bitten, daß sein Name uns aufleuchte in Herrlichkeit. Er soll uns nie zur Münze
werden, die tot von Hand zu Hand geht. Unend-
lich kostbar soll er uns bleiben, dreimal heilig.

Wir wollen den Namen Gottes ehren als wie Ihn
selbst. In ihm ehren wir auch das Heiligtum unserer
eigenen Seele.

Topos Taschenbücher
Die Reihe mit dem klaren Profil

Matthias-Grünewald-Verlag · Mainz